LES CAPULETS

ET

LES MONTAIGUS

(I CAPULETTI ED I MONTECCHI),

GRAND OPÉRA EN QUATRE ACTES,

PAROLES TRADUITES DE L'ITALIEN ET ARRANGÉES POUR LA SCÈNE FRANÇAISE,

PAR GUSTAVE OPPELT,

Auteur de la traduction du *STABAT MATER* de Rossini.

MUSIQUE DE VINCENT BELLINI.

(Suivi de toutes les notes et indications relatives à la distribution des rôles et à la mise en scène, ainsi que de Variantes pour le quatrième acte.)

> « Ne pleurez pas son sort heureux !
> » Un ange, en la voyant, s'approcha d'elle.
> » — C'est une sœur, dit-il, la toucha de son aile,
> » Et l'enleva dans les cieux ! »

PRIX : 1 FRANC.

PARIS.
MARCHANT, ÉDITEUR DU MAGASIN THÉATRAL,
BOULEVART SAINT-MARTIN, 12.

1843.

LES CAPULETS

ET

LES MONTAIGUS

(I CAPULETTI ED I MONTECCHI),

GRAND OPÉRA EN QUATRE ACTES,

PAROLES TRADUITES DE L'ITALIEN ET ARRANGÉES POUR LA SCÈNE FRANÇAISE,

PAR GUSTAVE OPPELT,
Auteur de la traduction du *STABAT MATER* de Rossini.

MUSIQUE DE VINCENT BELLINI.

(Suivi de toutes les notes et indications relatives à la distribution des rôles et à la mise en scène, ainsi que de Variantes pour le quatrième acte.)

« Ne pleurez pas son sort heureux !
» Un ange, en la voyant, s'approcha d'elle.
» — C'est une sœur, dit-il, la toucha de son aile,
» Et l'enleva dans les cieux ! »

PARIS.
MARCHANT, ÉDITEUR DU MAGASIN THÉATRAL,
BOULEVART SAINT-MARTIN, 12.

—

1843

AVIS A MM. LES DIRECTEURS DE THÉATRE.

L'orchestre complet en manuscrit de la partition de *I Capuletti ed I Montecchi*, de Bellini, et de la musique de Vaccai (employée souvent pour le quatrième acte de cet opéra), se trouvant dans la possession de l'auteur de cette traduction, messieurs les Directeurs de Théâtre qui auraient l'intention de monter *les Capulets et les Montaigus* avant que la partition soit gravée peuvent s'adresser par *lettres affranchies* à M. Gustave Oppelt, rue de Loxum, n° 6, à Bruxelles, ou à M. Marchant, libraire-éditeur, boulevart Saint-Martin, 12, à Paris.

Encouragé par la bienveillance avec laquelle le public a daigné accueillir ma traduction du *Stabat Mater* de Rossini, j'ai entrepris un travail plus long, plus important peut-être, en ce sens que par sa nature il s'adresse directement à tous les théâtres autorisés à exécuter, avec paroles françaises, les chefs-d'œuvre de l'école italienne. Traduire l'opéra de *I Capulétti ed I Montecchi*, de Bellini, était pour moi une tâche d'autant plus épineuse que déjà les amours de *Roméo et Juliette* avaient été illustrées par la poétique immortelle du Dante, par les brillantes inspirations de Shakspeare, par le style riche et pompeux de Ducis, enfin par les beaux vers de M. Alexandre Dumas. Le désir de doter la scène française d'un chef-d'œuvre musical de plus m'a déterminé à ne pas reculer devant cet écueil, espérant trouver grâce auprès de mes juges pour les défauts de ma traduction, en faveur du but que je me suis efforcé d'atteindre.

L'aridité d'un pareil travail et les difficultés sans nombre que le rhythme musical élève, à chaque pas sont choses trop connues de quiconque a étudié la scène, ou s'est livré à quelques études de ce genre, pour qu'il soit nécessaire de les énumérer ou même de les mentionner. Cependant le lecteur verra que, tout en voulant rester aussi fidèle que possible au *libretto* italien et surtout aux sublimes pensées de Bellini, j'ai cherché à ne pas m'écarter des lois si rigoureuses de la versification française.

Peu confiant en moi-même, j'ai soumis mon travail à l'examen de plusieurs hommes de lettres; et ce n'est qu'après avoir été honoré de leur approbation que je me suis permis d'appeler l'attention du public sur ma version des *Capulets et des Montaigus*, croyant ainsi pouvoir mériter son indulgence.

Pour enchaîner les magnifiques thèmes de cette partition au récitatif d'après les règles de l'art, et adapter les paroles françaises à la musique de Bellini, j'ai obtenu le concours de M. Riccio, ex-maître de chapelle de S. M. le roi de Sardaigne, aujourd'hui professeur de chant au Conservatoire royal de musique de Bruxelles. Cet artiste, on le sait, a pendant plusieurs années dirigé avec infiniment de talent l'orchestre de *la Compagnie italienne*.

De cette manière, je pense avoir rempli à peu près les conditions nécessaires pour présenter au théâtre une œuvre que le monde artistique a déjà applaudie et admirée sur la scène italienne; puisse maintenant le public favoriser la traduction des *Capulets et des Montaigus* de cet appui encourageant que tout auteur ambitionne! L'arrêt qu'il portera ainsi que les sages conseils de la critique m'éclaireront à cet égard et m'apprendront si mes efforts ont répondu à mes espérances.

GUSTAVE OPPELT.

Paris, le 28 *janvier* 1843.

A mon Ami Jacques Dellafaille.

> « Wie der Schatten früh am Morgen
> » Ist die Freundschaft mit den Bösen;
> » Stund auf Stunde nimmt sie ab.
> » Aber Freundschuft mit den Guten
> » Wachset wie der Abendschatten,
> » Bis des Lebens Sonne sinckt.
>
> Un Poete allemand.

Vois-tu dans le lointain, comme une blanche nue,
Serpenter dans l'espace une voile inconnue ?
A peine on la distingue, et malgré le danger
Dont, sur la vaste mer, les flots vont l'assiéger,
Rien ne peut ralentir sa course périlleuse!
Elle effleure la vague ; et, fière, ambitieuse,
Elle brave l'orage, elle affronte l'écueil
Où l'imprudent nocher va trouver un cercueil ;
Car une voix lui crie au fond du cœur : « Espère
» La palme n'appartient qu'aux plus audacieux ;
» Va, lutte avec courage; au foyer de ta mère,
» On tresse une couronne à ton front glorieux!

» Hisse ton pavillon ; les feux brillants du phare
» Vont s'allumer au port, et si la nef s'égare,
» Un Pilote est là-haut, tout prêt à secourir
» Le nocher qui l'invoque au moment de périr ! »

Ainsi fait le poëte en entrant dans l'arène
Où sa muse l'appelle, où son ardeur l'entraîne ;
Au risque d'échouer au plus prochain rescif,
Sur l'Océan du monde il lance un frêle esquif.
Malheureux !... d'où lui vient cet aveugle délire ;
Et de quel fol espoir se laisse-t-il séduire ?
Cette coupe dorée, aux bords garnis de miel,
Cache sous le nectar l'amertume et le fiel !
— Oui ! mais l'ignores-tu ? L'homme devient poëte
Quand il veut étouffer une peine secrète,
Et parvient seulement à voir tarir ses pleurs
Quand sa plume docile exhale ses douleurs !!!

Mais si dans la tourmente un ami se révèle ;
Un ami franc et sûr, au cœur droit et fidèle ;
Un ami qui s'avance en lui tendant la main
Pour l'aider à gravir la crête du chemin,
Alors il est heureux, et son âme ravie,
Grâce à ce cœur aimant, triomphe de l'envie ;
Alors il lui confie et son œuvre et son vœu,
Comme un catéchumène à la Table de Dieu :
Son œuvre, car l'auteur aime et chérit son livre,
Il tremble, et cependant l'espérance l'enivre ;
Son vœu, car s'il aspire à des jours plus heureux,
C'est que ces heureux jours brilleraient pour tous deux !

Apprends donc maintenant pourquoi je te dédie
Du noble Roméo la sombre tragédie :
Ce guide, ce soutien, ce frère, cette foi,
L'ami que j'ai rêvé, j'ai trouvé tout en toi !

Ainsi que Roméo, j'eus aussi ma Juliette!
Tu la vis bien des fois cet ange du poëte;
Mais le ciel, au moment de combler mon bonheur,
M'a, comme à Roméo, fait sentir sa rigueur.
Ma Juliette mourut!!! Son visage si tendre
Se glaça sur le mien.... A quoi bon te l'apprendre?
Tu suivais à pas lents le funèbre convoi,
Soutenant mon courage et pleurant avec moi!...

Depuis longtemps déjà, témoin de ma souffrance,
Tes yeux ont vu pour moi s'éteindre l'espérance :
Cette fleur du midi, triste jouet du sort,
Sous un ciel étranger devait trouver la mort!...

Assis à son chevet, et lui cachant mes larmes,
J'invoquais en secret le pouvoir de ses charmes,
Et parfois du bonheur que j'avais espéré
L'ombre passait encor sur son front adoré!...
Son regard enflammé, sa voix, son doux sourire,
Son cœur chaste et plus pur que la fleur qu'on respire,
Me faisaient oublier tant de tourments soufferts :
Son amour m'inspirait, et j'ébauchais mes vers !

GUSTAVE OPPELT.

Bruxelles, 1er *mars* 1843.

PERSONNAGES.

CAPELLIO, chef de la faction des Capulets.
JULIETTE, sa fille.
ROMÉO, chef de la faction des Montaigus, amant de Juliette.
TEBALDO, partisan des Capulets, promis en mariage à Juliette.
LORENZO, prêtre, attaché à la maison de Capellio.

Capulets, Montaigus, Dames d'honneur, Hérauts d'armes, Soldats, Porteurs, Pages, Valets, Peuple, etc., etc.

La scène se passe à Vérone, pendant le 13me siècle.

Cet opéra a été représenté pour la première fois à Paris, au théâtre Italien, le 10 janvier 1833, par MM. Rubini, Berrotini, Mmes Grisi, Judith, et Julia Grisi.

LES
CAPULETS ET LES MONTAIGUS.

ACTE PREMIER.

Le Théâtre représente une riche galerie dans le palais de Capellio. Des deux côtés, une table couverte de plans et de manuscrits; fauteuils, siéges, etc. Le jour augmente par degré jusqu'après le chœur d'introduction.

SCÈNE PREMIÈRE.

Partisans de Capellio *se réunissant lentement; ils causent par groupes.*

CHOEUR.

A leur bannière, à leur patrie,
Les Capulets, que l'honneur lie,
Jusqu'au trépas se dévoueront !
Leur cause est sainte et légitime.
Et Vérone sera l'abîme
Où les Montaigus périront.
L'aube du jour à peine brille,
Et dans nos mains le fer scintille
Pour marcher au premier signal !
Notre chef ici nous rassemble :
Restons unis! Roméo, tremble !
A Tebaldo plus de rival !!!
Mort à ces hordes téméraires,
A ces Gibelins sanguinaires !
Point de grâce à nos oppresseurs !
Jamais de l'antique Vérone
Ils ne pourront ravir le trône
Aux Capulets, ses défenseurs !...

SCÈNE II.

Les Mêmes, CAPELLIO, TEBALDO *et* LORENZO.

Tout le monde marche à la rencontre de Capellio et lui témoigne la plus franche cordialité.

TEBALDO.

Compagnons, la patrie en ces lieux vous appelle,
Pour tromper les desseins d'une ligue infidèle.
Nous avons dans nos rangs des ennemis secrets;
Ils forment contre nous de sinistres projets;
Ezzelino, cédant à des vœux homicides,
Des cruels Montaigus arme les bras perfides;
Plus loin les Gibelins, au cœur dénaturé,
Ont à leur tête un chef de nous tous abhorré !...

LES CAPULETS.
Quel est-il ?

TEBALDO.
Roméo!

LES CAPULETS.
Ce guerrier redoutable ?

CAPELLIO.
De la mort de mon fils il s'est rendu coupable !....
Et cependant il vient, par un ambassadeur,
Réveiller et braver ma trop juste douleur:
Il demande la paix ; il veut que j'y souscrive !

LES CAPULETS.
Vous y consentiriez ?...

CAPELLIO.
Jamais !...

LORENZO.
Prince, sa tentative
Peut-être aboutirait à d'heureux résultats,
Et ferait trêve enfin à nos sanglants combats!
L'ambassadeur est là ; pourquoi ne pas l'entendre ?

CAPELLIO.
Je sais ce qui l'amène, et je dois m'en défendre !
Roméo, jeune encor, de nos murs s'est enfui ;
Une main protectrice a su veiller sur lui ;
Las enfin de courir de contrée en contrée,
J'apprends que de ma cour il a franchi l'entrée.
Je ne le vis jamais ; voilà mon seul regret !

TEBALDO.
Je le découvrirai, le ciel me le promet !

CAVATINE.

Je tromperai son espérance ;
Mon cœur respire la vengeance !

L'idole de mon existence,
Il la profane du regard !
Mais mon bonheur à son aurore
De gloire et d'amour se colore.
Juliette, brillant météore,
Guide mon bras et mon poignard !
CAPELLIO.
Embrasse-moi, mon gendre, et dans cette journée
S'allumeront pour toi les feux de l'hyménée !
LORENZO, *stupéfait.*
Juste ciel ! aujourd'hui...
CAPELLIO, *à Lorenzo.*
Pourquoi cette stupeur,
Quand du plus tendre amour je couronne l'ardeur ?
LORENZO, *avec humilité.*
Seigneur, c'est que Juliette, en proie à la tristesse,
De marcher à l'autel ne serait pas maîtresse.
Dans son regard troublé j'ai vu le désespoir,
Quand je lui rappelai son prochain mariage...
TEBALDO, *épouvanté.*
Grand Dieu ! que dites-vous ?...
CAPELLIO *et* LES CAPULETS.
Tebaldo, prends courage,
Ta Juliette sera fidèle à son devoir !
TEBALDO, *affecté.*
Fin de la cavatine.
Hymen sacré, douce alliance,
Rêves d'amour et d'innocence,
Dont je caressais l'espérance,
Vous allez vous évanouir !
Juliette, bannis tes alarmes,
Malgré l'empire de tes charmes,
Ce n'est pas au prix de tes larmes
Que ton cœur doit m'appartenir !

ENSEMBLE.

CAPELLIO, *serrant la main à Tebaldo.*
Dissipe ta douleur amère :
Ta valeur sut toujours lui plaire,
Généreux vengeur de son frère,
Ma fille saura te chérir !
LES CAPULETS, *ils entourent Tebaldo.*
Pourquoi cette douleur amère ?
Ta valeur dut toujours lui plaire.
Généreux vengeur de son frère,
Juliette saura te chérir !
LORENZO, *à part.*
Pauvre Juliette ; en vain j'espère
Pouvoir désarmer leur colère !
Roméo, maudit par ton père,
Jamais ne saura le fléchir !
CAPELLIO, *s'approchant de Lorenzo.*
Lorenzo, va trouver la jeune fiancée.
Dis-lui que par mes soins sa couronne est tressée.
Presse toi ! Je connais le secret ascendant
Que ton langage exerce auprès de cette enfant :
Lorenzo veut répliquer, Capellio lui lance un regard sévère
et ajoute :
Obéis !

TEBALDO, *à Capellio, avec un accent de douleur.*
Ah ! seigneur...
CAPELLIO, *revenant vers Tebaldo.*
Crois-moi, je t'en conjure ;
Juliette, de son père écoutant les avis,
De son cœur agité bannira les soucis.
L'amour est étranger au tourment qu'elle endure ;
Repose-toi sur moi.
TEBALDO, *avec joie.*
Je renais à l'espoir.
Il caresse mon cœur ; je cède à son pouvoir !
On entend un son de trompette. Capellio descend le théâtre, et va voir ce que ce signal signifie.
CAPELLIO.
Il remonte la scène, et dit aux Capulets qui se sont groupés autour de lui et de Tebaldo :
Voici l'ambassadeur ! Vers ces lieux il s'avance...
Amis, je ne veux point armer votre vengeance...
Prononcez, Capulets, et dites vos desseins ?
TOUS, *levant la main au ciel.*
La mort aux Montaigus ! la mort aux Gibelins !...

SCÈNE III.

LES MÊMES, ROMÉO.

Il entre par le fond, suivi de ses écuyers. A l'entrée de Roméo, tous les Capulets se placent à droite et entourent Capellio et Tebaldo. Roméo et sa suite occupent la gauche de la scène ; son maintien annonce de la douceur et beaucoup de dignité.

ROMÉO.
Guelfes, avec bonheur à vous je me présente !
La guerre nous ruine et répand l'épouvante.
Elle sème la mort dans nos rangs décimés,
Et plonge dans le deuil nos deux camps alarmés.
Je viens vous proposer une paix glorieuse !
TEBALDO, *avec mépris.*
Avec les Montaigus toute paix est douteuse :
Rien n'est sacré pour eux...
CAPELLIO, *de même.*
Déjà j'ai tout tenté,
Et jamais leur serment ils ne l'ont respecté.
ROMÉO, *après une pause.*
Que la paix entre nous demeure inviolable.
Les droits seront égaux, le partage équitable ;
Ta Juliette en sera le garant solennel ;
Roméo la réclame...
CAPELLIO, *avec ironie.*
Il l'ose, le barbare,
Quand le sang de mon fils à jamais nous sépare !
J'ai juré son trépas !...
TOUS, *avec fureur.*
Nous aussi !
ROMÉO, *profondément ému.*
Juste ciel !

CAVATINE.

Si dans un combat plein de rage
Ton fils au milieu du carnage

Périt sous ses coups meurtriers,
Un remords affreux lui demeure ;
Chaque jour il regrette, il pleure,
Le sang qui baigna ses lauriers !
CAPELLIO, *sans hésiter.*
Retourne ; ta démarche est vaine ;
Juliette a pris un autre époux.
ROMÉO, *terrifié.*
Grand Dieu ! Qui ?
TEBALDO, *avec fierté.*
Moi !
ROMÉO, *avec douleur, à part.*
Navrante peine !
A Capellio.
Un dernier mot ?
CAPELLIO, *exaspéré.*
Crains mon courroux !
TEBALDO, *de même.*
Contre vous, troupe insensible,
S'élève un cri de fureur !

TOUS.
Oui, guerre à mort ! guerre terrible !
ROMÉO, *s'oubliant.*
Eh bien ! malheur à vous ! malheur !
Fin de la cavatine.
Roméo, que l'honneur engage,
Punira ce sanglant outrage !
Vos corps gisant sur le rivage
Rougiront la grève des mers !...
Le ciel aux Gibelins propice
Les dirigera dans la lice ;
Sur vous sa force protectrice
Lancera la foudre des airs !...
CAPELLIO, TEBALDO *et* TOUS LES CAPULETS.
Fuis, téméraire, ou ton supplice
Nous vengera de ces pervers !...

Roméo sort ; tous le menacent. Tableau. On aura soin de ne baisser la toile qu'après la sortie de Roméo et des siens. Les Capulets accompagnent Capellio jusqu'à l'une des portes latérales par où il est entré ; Tebaldo et les siens sortent par le fond.

ACTE DEUXIÈME.

Premier Tableau.

Le théâtre représente une sombre avenue dans les jardins du palais de Capellio (1).

SCÈNE PREMIÈRE.

JULIETTE, *seule.*

Elle est assise sous un massif, et semble rêver ; elle est en costume de fiancée.

JULIETTE, *se levant et traversant la scène.*

RÉCITATIF.

Le front couvert de fleurs et l'âme désolée,
Ainsi qu'une victime aux autels immolée,
Je vais donc prononcer le serment nuptial !...
Hymen, pour moi ton chant est un cri sépulcral ;
Change tes feux ardents en des torches funèbres ;
Leur lueur veut en vain dissiper les ténèbres ;
Leur foyer sourdement me consume le cœur ;
Par eux je suis vouée au culte du malheur !
Et toi, mon Roméo, toi qu'en secret j'adore,
Toi que mon cœur chérit, toi que ma bouche im-
Au loin, pour cimenter d'éternels souvenirs, [plore,
L'écho t'apportera mes pleurs et mes soupirs !...

CAVATINE.

Lorsque ce vallon solitaire
Se revêt des voiles du soir,
Le calme, la brise légère,
Adoucissent mon désespoir.

Sa tendre image me ranime,
C'est le fanal libérateur
Qui brille au port quand, sur l'abîme,
Le marin prie avec ferveur !...

Après la cavatine, Juliette s'assied et demeure plongée dans ses réflexions.

SCÈNE II.

LORENZO, JULIETTE, *puis* ROMÉO.

LORENZO, *entre sans être entendu de Juliette.*
Je la trouve enfin seule, on ne peut nous surpren-
Pauvre enfant ! quel bonheur ! elle va tout appren- [dre !
Appelant. [dre !
Juliette !...
JULIETTE *sort brusquement de sa rêverie et se jette dans les bras de Lorenzo.*
Mon pasteur !...
LORENZO, *la soutenant.*
Dieu veillera sur nous !...
JULIETTE, *avec douleur.*
Ami consolateur, hélas ! qu'espérez-vous ?

(1) Ce premier tableau peut aussi se passer dans un cabinet faisant partie des appartements de Juliette. *(Note de l'Auteur.)*

Je suis comme un roseau jeté sur le rivage ;
L'ouragan l'a frappé, bientôt il va périr ;
Comme la fleur des champs, victime de l'orage,
Sur sa tige penchée et près de se flétrir !!!

LORENZO.
Courage !
Confidentiellement.
Roméo s'est montré dans Vérone.

JULIETTE, *avec un accent de reproche.*
Vous ne l'amenez pas ?...

LORENZO.
Mais la joie empoisonne !

JULIETTE, *avec délire.*
Elle est douce, au contraire, alors qu'on croit mourir

LORENZO, *la rassurant.*
Vos vœux seront comblés : à Juliette fidèle,
Roméo répondra, si votre cœur l'appelle !

Lorenzo indique à Juliette une issue secrète; Roméo paraît.

ROMÉO, *avec éclat.*
Juliette !...

JULIETTE, *courant à lui.*
Ah ! Roméo !!!

LORENZO, *mystérieusement à Roméo.*
Silence, on peut venir !..
Lorenzo sort.

SCÈNE III.

ROMÉO, JULIETTE.

JULIETTE.
Roméo, c'est bien toi ! malheureuse, inquiète,
Je crains de me tromper !

ROMÉO, *avec douleur.*
Juliette, ô ma Juliette,
Devais-je ainsi te voir ?

JULIETTE.
Oui, pour me consoler
Au moment où mon âme est près de s'envoler !
Pour l'amour d'une mère il te faut vivre encore !...

ROMÉO.
Pourrais-je, hélas ! survivre à celle que j'adore,
Lorsque privé de toi j'implorais le trépas,
Et maudissais le ciel qui ne m'exauçait pas ;
Lorsque je viens ici prêt à tout entreprendre,
Te ravir à leurs bras, te sauver, te défendre ?
Décide, tu le peux ; triompher ou mourir ;
Viens, consens à me suivre !...

JULIETTE, *avec effort.*
Y penses-tu ? quoi ! fuir !

DUO.

ROMÉO.
C'est là mon unique espérance.
En ton amour j'ai confiance ;
Partons, redoutons le péril !
Sous une tente hospitalière
Où flottera notre bannière,
Le bonheur charmera l'exil !

JULIETTE.
Franchir ces voûtes vénérées,
Dont les limites sont sacrées,
Le pourrai-je sans déshonneur ?...
Le devoir m'arrête et m'enchaîne ;
Sa force loin de toi m'entraîne ;
Mais mon cœur s'attache à ton cœur !

ROMÉO.
Une voix autre que la mienne
Pourrait te prescrire des droits ?

JULIETTE.
Non, aucune autre que la tienne ;
Mais l'honneur me dicte ses lois !

ROMÉO.
Cruelle, l'honneur qui t'opprime
Veut-il que tu sois sa victime ?
Le devoir peut faire hésiter ;
Mais l'amour saura l'emporter.
Juliette, si tu m'es ravie,
En le perdant je perds la vie.
Viens, ne crains pas leur vain courroux ;
Suis-moi ; je t'implore à genoux !...

JULIETTE.
Ces vœux que l'amour légitime,
Les droits d'un père les répriment.
Je t'aime, et s'il faut te quitter,
En mourant je veux t'imiter.
A toi mon cœur se sacrifie ;
A toi mon amour et ma vie ;
Mais épargne-toi leur courroux,
Seule je veux les braver tous.

Ici l'on entend une musique lointaine.

ROMÉO, *hors de lui.*
Entends-tu de ton hyménée
Les chants et la joie effrénée ?

JULIETTE, *suppliant.*
Fuis !...

ROMÉO, *même jeu.*
Ici je reste et j'attends.

JULIETTE, *de même.*
Roméo ! fuis, je les entends.

ROMÉO, *avec fierté et s'animant.*
Non, contre moi que tous s'unissent,
Et qu'à tes yeux tous ils périssent !

JULIETTE.
Pitié !...

ROMÉO.
Le sort en est jeté.

JULIETTE, *avec désespoir.*
Je fléchis sous l'iniquité !...

ROMÉO.
Juliette, cède à ma prière,
Ouvre les yeux à la lumière ;
De ton hymen c'est le signal !...
Soyons heureux loin d'un rival.
Si tu m'aimes comme je t'aime,
Crois-moi, c'est le moment suprême.
De toi va dépendre mon sort,
Partir sans toi... mieux vaut la mort !...

JULIETTE.
Mon Roméo, je t'en supplie;
Préviens ton sort, sauve ta vie,
Je crains leur sanglante fureur !
Éloignons un plus grand malheur,
Ne double pas mon épouvante !

De terreur tu me vois tremblante !
Bientôt sous un ciel plus heureux
Le bonheur luira pour tous deux !...

Vaincu par les prières de Juliette, Roméo s'échappe par l'issue secrète. Juliette s'éloigne en tremblant. Changement à vue.

Second Tableau.

Le théâtre représente un vestibule intérieur dans le palais de Capellio. En face un double escalier conduisant à des galeries. Au moment du changement à vue, la scène est libre; on entend la musique en dehors. Les Capulets, Seigneurs et Dames, remplissent la scène. La musique précède l'entrée de Tebaldo, qui, pendant le chœur, traverse le théâtre et monte l'escalier qui conduit aux appartements de Capellio. Le jour baisse peu à peu de manière à ce qu'à la fin du chœur la nuit soit complète; des Pages arrivent alors avec des torches et garnissent les deux côtés de l'escalier, par où la musique et tous les invités sortent à la fin de cette scène.

SCÈNE PREMIÈRE.

DES CHEVALIERS et DES DAMES, *invités à la fête, arrivent de différents côtés;* DES DOMESTIQUES, *portent des flambeaux ou des torches.*

CHOEUR.

Aux jours marqués par la souffrance,
Par le deuil et par la vengeance,
Succède une nuit de bonheur.
Les armes deviennent muettes;
Les soupçons, les haines secrètes
Font place aux doux transports du cœur !
Par les concerts et par la danse
Célébrons l'heureuse alliance
Qui nous réunit dans ce jour
Pour le plaisir et pour l'amour !
Aux fiancés rendons hommage,
Et que nul sinistre nuage
Ne vienne obscurcir à nos yeux
Un horizon si radieux.

Les invités montent les escaliers et se dispersent dans les galeries. Le théâtre est dans une profonde obscurité*.

SCÈNE II.

ROMÉO, *revêtu de l'écharpe des Capulets;* LORENZO.

LORENZO.

Roméo, par pitié, n'avance plus, arrête !...
Ici même, en ces lieux, l'écharpe capulète
Ne pourrait te sauver.

ROMÉO.
          Que me fait le danger !
A mon rival Juliette est près de s'engager,
Et j'y veux mettre obstacle ! Ange, beauté chérie,
Mon cœur triomphera; cet espoir fait ma vie.

* Ici, Messieurs les Directeurs peuvent intercaler un *divertissement*, mais il n'est pas obligatoire. (*Note de l'auteur.*)

LORENZO.
Roméo, n'as-tu pas son amour et sa foi ?
Pourquoi l'inquiéter ?
      ROMÉO, *s'approchant de Lorenzo.*
              Pasteur, écoute-moi !
Vérone était tranquille et la nuit était sombre;
Sous l'uniforme Guelfe, à la faveur de l'ombre,
Nos vaillants Montaigus en ces murs sont entrés.
      LORENZO, *épouvanté.*
Ciel !
            ROMÉO.
Quand des Capulets les chefs seront rentrés,
Le glaive changera cette fête en carnage;
Nos amis agiront.
      LORENZO, *indigné.*
          Nuit d'horreur, nuit de rage !
Ce père, cet amant, j'ai failli les trahir;
Mais pour leur assassin prétends-tu me choisir ?
Roméo, je suis prêtre !
      ROMÉO, *exaspéré.*
              Affronte la tempête:
A mon heureux rival va, cours, livrer ma tête !
Complète son triomphe !
      LORENZO, *voulant le calmer.*
              Hélas ! tu te méprends
Sur un cœur qui jamais n'oublia ses serments !
Pour suspendre un hymen faut-il tant de carnage ?
      ROMÉO, *avec douleur.*
Ami, tu comprends mal les transports de mariage.

On entend un grand tumulte, les trompettes sonnent, on voit dans les galeries tous les convives courir çà et là.

      LORENZO, *épouvanté.*
Que nous prédit ce bruit ?...
            ROMÉO.
          L'heure du châtiment !
      VOIX, *dans les coulisses.*
A nous les Montaigus !
      ROMÉO, *avec joie.*
          Elle est sauvée !

CHOEUR DES CAPULETS *sur les galeries.*

Aux armes !

LORENZO, *bas, à Roméo.*

Fuis !...

ROMÉO, *sans faire attention à Lorenzo.*

Tremble Tebaldo, tes mortelles alarmes
Vont punir ton offense et venger mon tourment !
Déjà la trompette guerrière,
Annonce l'heure meurtrière !
Guelfes, vous frémirez d'horreur !...

CHOEUR DES CAPULETS.

Soldats, défendons la bannière
Qui doit redoubler notre ardeur !

Roméo s'éloigne précipitamment par le fond, Lorenzo le suit. Tout le monde disparaît, le bruit diminue ; Juliette seule descend la galerie.

SCÈNE III.

JULIETTE *seule.*

Juliette descend et regarde de tous côtés avec crainte. Sa toilette est en désordre.

L'amour me trompe peut-être ;
Le bruit semble disparaître,
Et le silence renaître ;
Dieu protége ton retour !
Que n'ai-je suivi sa trace,
Et défié leur menace !
Le Ciel, dans notre disgrâce
Nous eût ouvert son séjour !
Le bonheur peut luire encore ;
Je suis libre, je l'adore,
Et pour lui mon cœur implore
Dieu, le destin et l'amour !

SCÈNE IV.

ROMÉO *rentre par la porte du fond et la referme.* **JULIETTE.**

ROMÉO, *appelant.*

Juliette !...

JULIETTE, *sortant de sa rêverie*

Ah ! surprise extrême !

ROMÉO, *s'approchant d'elle.*

C'est ton Roméo qui t'aime !

JULIETTE, *avec douceur.*

Tu t'exposes !

ROMÉO, *avec amour.*

Je reviens
Pour te sauver ! suis-moi...Viens ?...

JULIETTE, *indécise.*

Mais où fuir, et comment faire
Sans nous perdre tous les deux ?...

ROMÉO, *tendrement.*

Suis-moi ; si ma foi t'est chère,
L'amour bénira nos feux.

CHOEUR DES CAPULETS, *au dehors.*

Mort aux Montaigus !

JULIETTE, *avec effroi.*

Écoute !
Ils se dirigent vers nous !...

ROMÉO, *résigné et tirant son épée.*

Ce fer t'ouvrira la route ;
Je saurai braver leurs coups.

Au moment où il va l'entraîner, Capellio et Tebaldo paraissent dans les galeries. Lorenzo descend l'escalier de droite, et les Capulets celui de gauche ; la scène est éclairée par des torches. Capellio, du haut de la galerie, doit crier : Arrête ! puis descendre avec précipitation et regarder Roméo d'un air menaçant. Tebaldo en fait autant. Juliette s'est réfugiée auprès de Lorenzo. Les Capulets occupent le second plan et sont prêts à fondre sur Roméo, qui reste seul sur le devant de la scène à gauche, et semble les braver.

SCÈNE V.

Les Mêmes, **TEBALDO**, **CAPELLIO** *et* les Partisans de Lorenzo.

CAPELLIO, *à Roméo.*

Arrête !

TEBALDO, *sans reconnaître Roméo.*

Envoyé perfide,
Redoute ma rage avide !

LORENZO, *à part.*

Sur lui plane le malheur.

ROMÉO, *avec douleur.*

O désespoir !

JULIETTE, *avec effroi.*

O terreur !

CAPELLIO, *d'un air menaçant.*

Que fais-tu la main armée ?

TEBALDO, *avec ironie.*

Sous ce faux déguisement,
Quelle ruse as-tu tramée
Pour nous frapper lâchement ?

Aux Soldats, à qui il fait signe de s'assurer de Roméo.

Soldats !

JULIETTE, *se jetant à ses pieds et suppliant tour à tour Capellio et Tebaldo.*

Voyez ma souffrance ;
Par pitié, grâce... clémence !

CAPELLIO, *rudement.*

Non.

TEBALDO, *avec étonnement.*

Quel sentiment secret
Excite ce vif intérêt ?

CAPELLIO, *sévèrement.*

Juliette !

TEBALDO, *de même.*

Osez me répondre !
Pourquoi rougir et vous confondre ?

A Roméo.

Qui donc es-tu, traître ?

ROMÉO, *avec indignation.*

Moi !

JULIETTE, *bas, à Roméo et avec prière.*
Ne te fais point reconnaître.
ROMÉO, *repoussant Juliette, dit à Tebaldo avec colère.*
Je suis ton rival, ton maître.
LORENZO, *à part.*
L'imprudent!
JULIETTE, *se cachant la tête dans les mains.*
Je meurs d'effroi!

QUINTO.

Tout le monde est dans la plus grande stupeur. A gauche, sur le premier plan, Tebaldo, Capellio, Juliette, Lorenzo et Roméo; à droite, les Capulets; au fond, des Soldats.

TEBALDO *et* CAPELLIO, *furieux.*
Mon rival! téméraire!
Son
JULIETTE, *se laissant tomber sur Lorenzo.*
Lorenzo, je me meurs!
LORENZO, *avec onction.*
Pitié, Dieu tutélaire!
ROMÉO, *avec désespoir.*
J'ai trahi ses douleurs!

QUARTETTO.

TEBALDO *et* CAPELLIO.
Descends, nuit ténébreuse,
Couvre mon déshonneur;
Sur ma perte honteuse
Jette un voile trompeur.
LORENZO.
Dieu! cette scène affreuse
Me glace de terreur!
Que ta main généreuse
En écarte l'horreur!
JULIETTE *et* ROMÉO.
A leur rage envieuse,
Dieu, ravis son honneur!
A leur trame odieuse
N'expose que mon cœur!

On entend dans les coulisses des cris et le bruit des armes.

CHŒUR DES MONTAIGUS *dans la coulisse.*
Accourons! Roméo!
CAPELLIO *et* TEBALDO.
Vengeance!
ROMÉO, *avec joie.*
Ce sont mes compagnons!
JULIETTE, *de même.*
O ciel!

La porte du fond cède; les Montaigus arrivent armés et cherchent partout leur chef Roméo. Les Dames, effrayées par ce tumulte, ont abandonné le lieu du banquet, elles descendent sur la scène. Juliette est dans une vive anxiété. Les Capulets frémissent. Tous ont tiré leur épée. Les galeries sont occupées par les Pages et les Soldats. Les Capulets sont placés à gauche, les Montaigus à droite et masquent la porte.

LES MONTAIGUS, *arrivant par la droite et montrant Roméo.*
C'est lui!
A Roméo.
Viens, Roméo; point de clémence!
Nous triompherons aujourd'hui!
CAPELLIO, *furieux.*
Roméo! quoi! crains ma colère!
TEBALDO, *menaçant Roméo.*
Tu veux me fuir et m'échapper!
ROMÉO, *brandissant son épée.*
Horde barbare et sanguinaire,
Nos glaives vont vous détromper.
TEBALDO.
La haine a réveillé nos armes!
CAPELLIO.
A vous un châtiment cruel!
ROMÉO *et* LES MONTAIGUS.
Vous verrez l'Italie en larmes
Comme en proie au courroux du ciel!
LORENZO.
Grand Dieu, que ta bonté puissante
Arrête une lutte sanglante!
JULIETTE.
Que sur l'étendard des vainqueurs
Les palmes fleurissent sans pleurs!

Roméo s'élance vers Juliette et veut l'embrasser, mais on les sépare. Les Montaigus s'emparent de Roméo et les Capulets de Juliette; à la reprise du motif ils se rapprochent de nouveau l'un de l'autre, et se tiennent enlacés pendant toute cette reprise. On les sépare une seconde fois.

FINAL.

ROMÉO *et* JULIETTE.
Si sur la terre on nous sépare,
Un autre bonheur se prépare;
Bonheur que nul ne peut flétrir,
Sans vouloir au ciel le ravir.
TEBALDO, CAPELLIO *et* LES CAPULETS.
Brille, soleil de la vengeance!
Notre bonheur, c'est leur souffrance;
Éclaire un champ où leur démence
A mérité plus que la mort!
JULIETTE *et* LORENZO.
Dieu de bonté, de grâce et de clémence,
Sauve ses jours et veille sur son sort!

Roméo fait un dernier signe d'adieu à Juliette, et sort par la droite, suivi des Montaigus. Les Capulets veulent le poursuivre, mais Capellio et Tebaldo les arrêtent en voyant Juliette s'évanouir dans les bras de Lorenzo. Consternation générale. Tableau.

ACTE TROISIÈME.

Premier Tableau.

Appartements dans le palais de Capellio. Il fait nuit. La musique exprime un bruit lointain qui s'éteint par degrés.

SCÈNE PREMIÈRE.

JULIETTE, *seule; elle se promène dans une vive agitation.*

Personne ne revient, cruelle incertitude !
Et le silence ajoute à mon inquiétude.
C'est le calme qui suit les autans furieux !
Les braves Montaiguss ont-ils victorieux ?
Qui devrais-je pleurer ? O douleur trop amère !
Le doute me déchire, et cependant j'espère !

SCÈNE II.

JULIETTE, LORENZO.

Lorenzo arrive par le fond, et durant toute cette scène il regarde autour de lui avec inquiétude pour voir s'il n'est pas observé.

JULIETTE, *courant au-devant de Lorenzo.*
Lorenzo, parlez vite.
LORENZO, *mystérieusement.*
Il est sauvé !
JULIETTE, *avec joie.*
Grand Dieu !
LORENZO, *de même.*
Pour lui ne craignez rien, il est près de ce lieu.
De nos rochers déserts la voûte souterraine
Le dérobe à leurs coups. Mais redoutez leur haine !
Contre ce Tebaldo je veux vous protéger ;
Fiez-vous à mes soins dans ce pressant danger ;
Je puis rendre l'espoir à votre âme indignée.
JULIETTE, *avec force.*
J'obéis.
LORENZO, *l'interrogeant du regard.*
Du courage !
JULIETTE, *avec abandon.*
Ah ! je suis résignée !
LORENZO, *montrant à Juliette une fiole contenant un narcotique.*
Le pouvoir de ce philtre aussitôt vous endort
D'un sommeil qui ressemble au sommeil de la mort.
Prenez, et buvez-le... dès lors pour eux perdue,
Auprès de vos aïeux vous serez descendue.

JULIETTE, *épouvantée.*
Grand Dieu ! que dites-vous ? cet asile des pleurs
Renferme aussi mon frère, objet de nos douleurs !
Son ombre quittera sa funèbre retraite,
Maudissant cet amour...
LORENZO, *la rassurant.*
Ne craignez rien, Juliette ;
Votre amant, votre prêtre, ensemble à vos genoux,
A l'heure du réveil seront là, près de vous.
JULIETTE, *désolée.*

CAVATINE.

Comment aimer à vivre
Quand le ciel m'est offert ?
Mon cœur a tant souffert,
Et Roméo se livre
A l'abîme entr'ouvert !
LORENZO.
Un saint espoir l'enivre ;
Mais il meurt s'il vous perd !
JULIETTE.
(Suite de la cavatine.)
De revoir son visage
S'il ne m'était permis ?
Si mes jours, endormis
Par ce puissant breuvage,
Étaient anéantis ?
LORENZO.
Juliette, du courage ;
Dieu vous a réunis.

On entend marcher au dehors ; Lorenzo va voir au fond à gauche, puis revient vers Juliette.

Votre père s'avance !
Redoutez sa présence !
JULIETTE, *troublée ; elle prend la fiole des mains de Lorenzo.*
J'écoute vos avis !
LORENZO.
Tous deux soyez bénis !
JULIETTE.
En Dieu j'ai confiance,
Il bannit mon effroi !
Il veillera sur moi !
Toi, ma seule espérance,
Si je meurs, c'est pour toi !

Elle boit précipitamment le narcotique.

SCÈNE III.

Les Mêmes, CAPELLIO et sa Suite, *entrant par le fond à gauche.*

CAPELLIO, *au fond du théâtre, sans reconnaître Juliette et Lorenzo.*
Arrêtez !
　　　　LORENZO, *bas, à Juliette.*
　　Calmez-vous, de grâce !
CAPELLIO, *s'approche d'eux et les reconnaît.*
Vous en ces lieux ! ciel ! quelle audace !
　　　　A Juliette.
Ma fille, ici reposez-vous
Durant quelques instants encore !
Mais dès le lever de l'aurore
Vous devrez suivre votre époux.

A ces mots, Juliette tombe dans les bras de Lorenzo et y demeure muette et immobile. Voyant la défaillance de Juliette, les Capulets l'entourent. Capellio reste seul sur le devant de la scène.

　　LES CAPULETS, *à Capellio.*
Assez ! respectez son délire ;
Voyez, à peine elle respire !
Domptez cet accès de fureur
Qui navre et déchire son cœur !

Pour toute réponse Capellio fait signe à Juliette de se retirer. Lorenzo veut l'emmener ; mais elle s'approche de son père et lui dit avec une vive émotion :

　　　　JULIETTE.
Pitié ! ta fille infortunée
Implore sa grâce à genoux ;
Qu'au moins je meure pardonnée
A l'abri d'un juste courroux !
Voici venir ma dernière heure.
Creusez la tombe où tout s'endort ;
Mais qu'entre vous, pour qui je pleure,
La paix renaisse par ma mort.
　　　CAPELLIO, *la repoussant.*
Laissez-moi !
LORENZO, *bas, à Juliette, en se rapprochant d'elle.*
Cachez vos alarmes.
　　　CAPELLIO, *brusquement.*
Ailleurs allez porter vos larmes !
　　LES CAPULETS, *entourant Capellio.*
A ta colère impose un frein !
Elle est mourante et prie en vain !

SCÈNE IV.

CAPELLIO *et* SA SUITE.

Capellio traverse plusieurs fois la scène avec agitation ; puis il s'avance seul sur le devant du théâtre.

　　　　CAPELLIO.
Mais soudain dans mes sens se glisse un trouble
　　　　　　　　　　　[extrême :
J'interroge mon cœur : tremblerais-je moi même ?
Oh ! non, point de faiblesse !
　　　　　A ses compagnons.
　　　　　　Appelez son époux,
Et de ce Lorenzo surveillez la conduite ;
Observez ses discours, et prévenez sa fuite,
Capulets, votre chef s'en repose sur vous !

*Capellio sort par la droite, tous les Capulets par la gauche.
Changement à vue.*

Second Tableau.

La scène représente un endroit écarté derrière le palais de Capellio. On voit au fond, à travers un grand arceau, une galerie qui conduit dans l'intérieur du palais.

SCÈNE PREMIÈRE.

ROMÉO, *seul, entrant par la gauche.*

Cet endroit est désert ! Pourrai-je enfin atteindre
Les pas de Lorenzo ? L'ingrat, loin de me plaindre,
Il m'abandonne, hélas ! au destin malheureux
Qui semble m'accabler sous son joug rigoureux !
　　　Un bruit de pas se fait entendre.
Mais on vient !.... on s'approche ! O ciel !.... que
Funeste contre-temps !　　　　　[dois-je faire ?

Roméo veut se cacher à gauche, mais Tebaldo sortant du palais l'aperçoit.

SCÈNE II.

TEBALDO, *au fond du théâtre ;* ROMÉO, *sur le devant de la scène ; il a abaissé la visière de son casque.*

　　　TEBALDO, *s'avançant.*
　　　　　Quel est le téméraire
Qui jusque dans ces lieux ose porter ses pas ?
Quel est ton nom ?
　　　ROMÉO, *marchant vers Tebaldo.*
　　　　　Mon nom ? Ne le demande pas,
Mais crains de le connaître !

TEBALDO, *cherchant à découvrir ses traits.*
A cet excès d'audace
Je devine aisément et ton nom et ta race :
La rage et la fureur se réveillent en moi !
ROMÉO, *se découvrant le visage.*
Sois satisfait; regarde, et puis tremble pour toi !

DUO.

TEBALDO, *avec rage et ironie.*
Trembler ! quand ma phalange
A l'instant peut surgir !...
Mais l'amant qui se venge,
Seul, saura te punir !
ROMÉO, *le défiant.*
Cruel ! point de menace ;
Crains un fatal revers.
Qu'entre nous le ciel place
Les Alpes et les mers !...

ENSEMBLE.

TEBALDO *et* ROMÉO.
Un Dieu grand et sévère
Ici guida tes pas !
Pour servir sa colère
Il jura ton trépas !...
TEBALDO, *tirant son épée.*
Aux armes !
ROMÉO, *tirant la sienne.*
Aux armes !

Tous les deux vont pour sortir, mais à ce moment une symphonie lugubre se fait entendre et tous les deux s'arrêtent frappés d'étonnement.

TEBALDO, *écoutant.*
Silence !
ROMÉO, *de même.*
D'où partent ces tristes accords ?
VOIX LOINTAINES, *dans la coulisse.*
Ah ! pauvre enfant !
ROMÉO, *à Tebaldo.*
De la souffrance
C'est le cri !....
TEBALDO, *d'un air sombre.*
C'est l'hymne des morts !

SCÈNE III.

LES MÊMES, *sur le devant de la scène.*

On voit défiler dans la galerie un cortége funèbre[*].

ROMÉO.
Ce cri qui perce ces murailles
Est le signal des funérailles !

[*] Ce cortége doit avoir un aspect très imposant et très-sombre. On en laisse la composition au bon goût de MM. les régisseurs généraux. *(Note de l'Auteur.)*

ENSEMBLE.

TEBALDO *et* ROMÉO.
De sinistres pressentiments
Soudain d'effroi glacent mes sens !

Ils prêtent l'oreille.

CHOEUR *dans la galerie.*

Comme la rose pudibonde,
Juliette, hélas ! vient de mourir
Sans que le souffle impur du monde,
En l'immolant, l'ait pu flétrir !
Paix à la fleur sitôt cueillie !
Dieu l'a ravie à notre sol !
A l'Ange elle s'est réunie !
Vers les cieux elle a pris son vol !
ROMÉO, *épouvanté.*
Quoi ! Juliette...
TEBALDO, *l'interrompant.*
Est morte !!
ROMÉO, *au comble du désespoir.*
Ah ! barbare !

ENSEMBLE.

ROMÉO *et* TEBALDO.
Le ciel contre moi se déclare.

Ils restent immobiles quelques instants; Roméo sort le premier de sa stupeur, puis jetant son épée, il se précipite désespéré devant Tebaldo, qui laisse aussi échapper son arme de ses mains.

ROMÉO.
Le cœur brisé par les douleurs,
Elle est morte, triste victime...
Toi qui la poussas dans l'abîme,
Obtiens un pardon par tes pleurs !
Mais non, ton œuvre est incomplète !
Frappe, obéis à tes transports !!!
Que ta rage soit satisfaite,
Tu ne connais point le remords !

TEBALDO.
Grâce, pitié ! le sort m'accable !
Vois ma peine, vois mon effroi !
Envers elle je fus coupable,
Mais je l'adorais avant toi.
Vis, triomphe de ma misère !
Vis, ton cœur est victorieux !
Comme elle t'aimait sur la terre,
Elle t'aimera dans les cieux !...

Ils se séparent et sortent dans la plus grande désolation.

ACTE QUATRIÈME.

Le théâtre représente l'enceinte où sont placées les tombes des Capulets. Celle de Juliette est sur le premier plan. Le caveau est fermé. Après plusieurs coups, une porte s'ouvre, Roméo en sort suivi de quelques Montaigus.

SCÈNE PREMIÈRE.

ROMÉO et SES COMPAGNONS, *au fond du théâtre,*
LES MONTAIGUS.

CHOEUR.

Marbres, tombeaux, vallée austère,
De la douleur lugubre autel !
Troubler ce repos funéraire,
C'est braver le courroux du ciel.

Ils descendent lentement la scène. Roméo aperçoit la sépulture de Juliette.

ROMÉO.

Compagnons, mes amis, la voilà cette tombe.
Elle est récente encore et couverte de fleurs !...
Bientôt je t'offrirai, blanche et tendre colombe,
Un holocauste saint préférable à des pleurs.

Tous se prosternent devant la pierre tumulaire.

LES MONTAIGUS, *entourant Roméo.*
Maître, retirons-nous ; cette douleur fatale
Peut égarer tes sens. Viens !

ROMÉO, *sans les entendre.*
    Ô nuit sépulcrale
Fais place au jour.

A ses Partisans.
Et vous, calmez mon désespoir.
Ravissez au tombeau les dépouilles mortelles
De celle que j'aimais !! Mes partisans fidèles,
Soulevez son linceuil, car je veux la revoir !

Les Montaigus s'avancent respectueusement vers la tombe de Juliette, et enlèvent le dessus du cercueil. On voit Juliette vêtue de blanc. Roméo jette un cri et court à elle.

ROMÉO, *avec délire.*
Juliette... ô ma Juliette... Ange, toi que j'adore,
C'est bien toi... je te vois... je te retrouve encore !
Tu n'es pas morte ! Non... c'est l'effet du sommeil ;
C'est à moi de donner le signal du réveil !...
Juliette, lève-toi ! Roméo le désire ;
Réponds-moi ! Je le veux !

LES MONTAIGUS, *cherchant à l'entrainer.*
A part.
    Malheureux ! il délire !...
A Roméo.
Roméo, viens ; partons ! il serait imprudent
De rester davantage.

ROMÉO, *suppliant.*
    Encore un seul instant ?...

La vie a des douleurs qu'à la tombe discrète
Seule on peut confier ; car la tombe est muette !
LES MONTAIGUS.
Te laisser seul ici, dans ces funèbres lieux...
ROMÉO, *s'oubliant.*
Vous m'avez entendu... Laissez-moi ! je le veux !
Ils sortent.

SCÈNE II.

ROMÉO, *seul, s'agenouillant devant le cercueil de Juliette.*

RÉCITATIF.

Devant ton front glacé, tristement je m'incline ;
Si tu ne m'entends plus, ton âme me devine ;
Tu sais combien le monde est un désert pour moi ;
Et qu'il vaut mieux mourir que d'y vivre sans toi.
Il se relève.

CAVATINE.

Sois sensible à ma prière :
L'Eternel va nous bénir !
Du séjour de la lumière
Je vois les anges venir.
Si chacun a sur la terre
Quelque douleur à souffrir,
Aux cieux elle est étrangère,
Dieu règne pour l'en bannir !

O toi qui m'es ravie,
Tendre rêve d'amour ;
Dieu là-haut nous convie
A sa céleste cour.
Là-haut, Dieu nous réclame !
Son arrêt paternel
Joint mon âme à ton âme
Par un vœu solennel ;
Et pour bénir ma flamme,
Il me rappelle au ciel !

Il s'éloigne un moment de la tombe de Juliette et ouvre une bague contenant du poison.

Du malheureux, dernière espérance,
Poison subtil, viens me secourir ;
Viens m'arracher à tant de souffrance !...
Capulets, savourez la vengeance
En recueillant mon dernier soupir !

Il s'empoisonne.

SCÈNE III.

JULIETTE, *elle s'éveille;* **ROMÉO**, *de l'autre côté de la scène.*

JULIETTE, *de sa tombe.*
Ah !...
ROMÉO, *stupéfait.*
Ciel ! quelle plainte amère !
JULIETTE, *de même, appelant.*
Roméo !
ROMÉO, *frappé d'étonnement.*
C'est sa voix si chère
Qui m'invite à mourir !
Juliette sort du tombeau. Roméo recule épouvanté.
Mes yeux m'ont-ils déçu ?
JULIETTE, *avec amour.*
Roméo !...
ROMÉO, *avec douleur.*
C'est Juliette !!... Et je me suis perdu !
JULIETTE, *tendrement.*
Mon Roméo, c'est toi !...
ROMÉO, *revenant à peine de sa surprise.*
Tu vis ?...
JULIETTE, *avec abandon.*
Oui, je m'éveille !
Je ne sais en ces lieux depuis quand je sommeille ;
Mais je vivais encore !...
ROMÉO, *désolé.*
Ah ! que me dis-tu ?...
JULIETTE, *avec surprise.*
Quoi !
N'as-tu donc pas appris de Lorenzo.....
ROMÉO, *de même.*
Qui !... moi !...
Hélas ! quand de ta mort la fatale nouvelle
Me parvint.....
JULIETTE, *s'alarmant par degrés.*
D'où te vient cette terreur cruelle ?
N'ai-je donc pas tout fait et tout sacrifié
Pour nous unir... Partons ?...
ROMÉO.
Dieu veut que je demeure
A jamais dans ces lieux !
JULIETTE, *avec anxiété.*
Tu veux donc que je meure.
Parle, cher Roméo ?...
ROMÉO.
Il lui montre la bague qui renfermait le poison, et se cache la tête dans les mains.
Je t'ai tout confié !!

DUO.

JULIETTE, *déchirée par la douleur.*
Roméo, que viens-tu de faire ?
ROMÉO.
J'ai voulu mourir avec toi !
JULIETTE, *avec amour.*
Viens ! l'on te sauvera, j'espère.
ROMÉO, *désespéré.*
Vains efforts !
JULIETTE, *de même.*
C'en est fait de moi !
ROMÉO, *s'appuyant sur Juliette.*
La mort dans mes veines circule !...
JULIETTE, *avec douleur.*
Sans moi tu voudrais donc mourir ?...
Donne ce fer ?...
Elle veut saisir le poignard de Roméo.
ROMÉO, *la retenant.*
Jamais !!! recule !...
JULIETTE, *hors d'elle.*
Du poison ?...
ROMÉO, *résigné.*
Seul, je dois mourir !...
Roméo s'affaiblit peu à peu dans les bras de Juliette, tous les deux restent sur le devant de la scène.
ROMÉO.
Bel ange, reste sur la terre,
Dans ces lieux tu viendras gémir !
JULIETTE.
Sort cruel, sous la même pierre,
Avec lui viens m'ensevelir !
ROMÉO.
Juliette... ma raison s'égare !...
Je ne vois plus !... Cruel exil !...
JULIETTE.
Pour que de toi je me sépare,
Pourquoi Dieu me conserve-t-il ?
ROMÉO.
De tous mes sens l'horreur s'empare
Et de mes jours brise le fil !
. . . .
. . . .
Parle Juliette ! Ah ! parle encore !
Tes accents tarissent mes pleurs !...
Ange d'amour... toi que j'adore...
Adieu !... dans tes bras... je me meurs !
JULIETTE.
Infortuné, vois mon délire,
Je ne reçois point tes adieux !
L'on nous unit par le martyre,
Pour tous les deux s'ouvrent les cieux !
Roméo meurt, Juliette tombe sur lui.

SCÈNE IV ET DERNIÈRE.

LES MONTAIGUS *rentrent précipitamment; ils sont poursuivis par* **CAPELLIO** *et ses Hommes d'armes. Le théâtre est éclairé par des torches.* **LORENZO** *accourt anéanti.*

LES MONTAIGUS.
Roméo.
CAPELLIO, *aux siens.*
Qu'on s'en empare !...

LES CAPULETS, *voyant les cadavres de Roméo et de Juliette.*
Grand Dieu !... morts !...
LORENZO, *s'approchant.*
Morts, tous les deux !
A Capellio.
Regarde !

CAPELLIO, *désespéré.*
O destin barbare !...
TOUS, *à Capellio.*
Ton œuvre est devant tes yeux !

Capellio se jette sur le corps de Juliette; Lorenzo sur celui de Roméo. Consternation générale. Tableau.

FIN DU QUATRIÈME ET DERNIER ACTE.

VARIANTE POUR LE QUATRIÈME ACTE.

Dans maints théâtres de l'Italie l'on a substitué, pour le commencement du quatrième acte des **Capulets et des Montaigus**, la musique de VACCAI à celle de BELLINI. Afin de laisser le choix à MM. les Directeurs de théâtres et aux Artistes chargés des rôles de *Roméo* et de *Juliette*, l'auteur de cette traduction a cru devoir annexer cette variante pour la facilité de l'exécution.

ACTE QUATRIÈME.

La mise en scène reste telle qu'elle se trouve indiquée en tête du quatrième acte.

SCÈNE PREMIÈRE.

ROMÉO *entre, suivi de quatre de ses Partisans.*

RÉCITATIF.

Marbres, tombeaux, vallée austère
De la douleur lugubre autel !
Troubler ce repos funéraire,
C'est braver le courroux du ciel.
Compagnons, mes amis, la voilà cette tombe !...
Elle est récente encore et couverte de fleurs,
Bientôt je t'offrirai, blanche et tendre colombe,
Un haulocauste saint, préférable à des pleurs.
    Mes partisans fidèles,
    Calmez mon désespoir !
Ravissez au tombeau ses dépouilles mortelles ;
Soulevez son linceul, car je veux la revoir.

Ils s'avancent respectueusement vers la tombe de Juliette, et enlèvent le dessus du cercueil. On voit Juliette vêtue de blanc. Roméo jette un cri et court à elle.

ROMÉO, *avec délire.*

Juliette.. ô ma Juliette!... Ange, toi que j'adore...
C'est bien toi, je te vois... je te retrouve encore...
Tu n'es pas morte ! Non, c'est l'effet du sommeil,
C'est à moi de donner le signal du réveil !

CAVATINE.

Sois sensible, etc.

Suit alors tout le reste de la pièce comme le libretto le porte ci-contre à la scène II du quatrième acte, sauf qu'entre les deux chants de cette cavatine l'on ajoute les quatre vers suivants comme récitatifs.

Devant son front glacé tristement je m'incline !
Si tu ne m'entends plus, ton âme me devine !
Tu sais combien le monde est un désert pour moi,
Et qu'il vaut mieux mourir que d'y vivre sans toi.

FIN.

NOTES

Pour la distribution des rôles, pour les costumes et les artistes et pour la mise en scène.

Les indications suivantes sont puisées dans les commentaires du chevalier Arthaud de Montor sur la *Vie et les Œuvres du Dante*.

L'événement qui fait le sujet des Capulets et des Montaigus a eu lieu au XIIIe siècle.

Les Capulets constituaient le parti Guelfe; ils soutenaient l'autorité papale et les droits du peuple. Les Montaigus constituaient le parti Gibelin, et combattaient pour maintenir la domination des nobles.

La couleur de l'écharpe et le côté où ils plaçaient le panache distinguaient ces deux partis, et leur servaient de signe de ralliement.

Les Capulets avaient adopté l'écharpe rouge et la plume rouge; ils la plaçaient du côté droit, de même que le capuchon de la cape. L'épée leur pendait à gauche, et ils avaient constamment le poignard sur le devant, suspendu à la ceinture. La couleur du justaucorps variait, mais en général ils avaient le tricot rouge, les bouffettes rouges avec crevés blancs ou jaunes, et le manteau rouge.

Les Montaigus avaient adopté l'écharpe blanche et la plume blanche; ils la plaçaient du côté gauche, de même que le capuchon à cape. L'épée pendait également à gauche, et eux aussi avaient constamment le poignard sur le devant, suspendu à la ceinture.

La plupart portaient le justaucorps cramoisi, le tricot blanc ou vert, les bouffettes avec crevés blancs ou verts, et le manteau vert.

Tous portaient la toque ou le chapeau assortis au costume, et le blason sur la poitrine. Voici maintenant comment il convient que la distribution des rôles soit faite, et la désignation des costumes des divers sujets.

Capellio (45 ans), caractère sévère, fier et cruel. Ce rôle tombe dans le domaine de la *première basse chantante*. Son costume est le même pour les quatre actes : toque de velours noir avec panache rouge, justaucorps de velours noir, avec crevés ou avec bandes transversales de satin jaune, broderies, etc. ; tricot de soie noire ; bouffettes de velours noir avec crevés de satin comme le justaucorps ; bottes à revers rouges ; large épée avec garde, poignard, blason sur la poitrine et écharpe rouge.

Juliette (16 ans), jeune fille innocente, tendre et candide. Ce rôle est de l'emploi de la *première chanteuse à roulades*; au besoin il peut être rempli par la *seconde chanteuse*. Au second acte elle est en costume de fiancée très-élégant : satin blanc et or, coiffure en cheveux. Au troisième acte, elle conserve le même costume, sauf qu'elle a ajouté le voile et la couronne de fleurs d'oranger à sa coiffure. Au quatrième acte, pour la scène des tombeaux elle est vêtue de blanc, grand peignoir et voile de mousseline blanche.

Roméo (25 ans), chevalier courageux, franc et généreux. Ce rôle revient à la *première forte chanteuse*. Au premier acte son costume se compose de : toque de velours vert tendre avec panache blanc, justaucorps de satin blanc avec bandes transversales de satin vert, tricot blanc en soie, bouffettes vertes avec crevés de satin blanc, manteau vert, bottines vertes ou noires à revers blancs ou verts; épée avec grande garde, poignard, blason sur la poitrine, et écharpe blanche. Aux second et troisième actes ; riche armure en acier, casque à visière et plumet rouge. Au quatrième acte ; costume simple et sévère : toque, justaucorps, tricot et chaussures de velours noir et de soie de la même couleur ; épée, poignard, blason et écharpe blanche.

Tebaldo (de 27 à 30 ans). Ce rôle appartient au *premier ténor*. Guerrier dur et brusque. Au premier acte, armure complète, casque à visière et plumet rouge, écharpe rouge. Au second acte, pour les fiançailles ; élégant costume, style moyen âge, velours et satin, couleur à volonté, panache et écharpe rouge, blason, etc. Au troisième acte, même costume qu'au premier acte.

Lorenzo (50 ans). Ce rôle est ordinairement rempli par le *second ténor*. Prêtre consolant, vénérable et conciliant. Il est entièrement vêtu de noir ; velours et satin, toque, justaucorps, tricot, manteau à manches, pas d'épée, perruque blanche, moustache et longue barbe.

Les Capulets (*chœur*). Ces guerriers plébéiens portaient tous le plumet rouge à la droite du chapeau ou à la toque, et le blason sur la poitrine ou le manteau, le capuchon de la cape à la droite, poignard à la ceinture, écharpe rouge. Du reste, costume du moyen âge ; épée et stylet.

Les Montaigus (*chœur*). Guerriers en armures, casques à visière avec plume blanche. Le costume des autres partisans peut être noir, brun ou rouge, mais de préférence blanc et vert, feutre avec panache blanc, placé du côté gauche, manteau vert, épée, poignard et écharpe blanche.

Les Dames (*chœur et comparses*). Costume de fête; ces dames peuvent se mettre le plus élégamment possible.

Si messieurs les Directeurs de théâtre trouvent bon d'intercaler un ballet ou divertissement après le chœur d'introduction du deuxième tableau du *second acte* (ainsi qu'il se trouve indiqué dans le livre), les artistes de la danse ayant la facilité d'y exécuter des pas dont le choix sera déterminé par le maître des ballets, l'auteur s'en repose sur le bon goût de ce dernier pour fixer cette partie des costumes. (L'Auteur.)

Imprimerie de Mme Ve Dondey-Dupré, rue Saint-Louis, 46, au Marais.

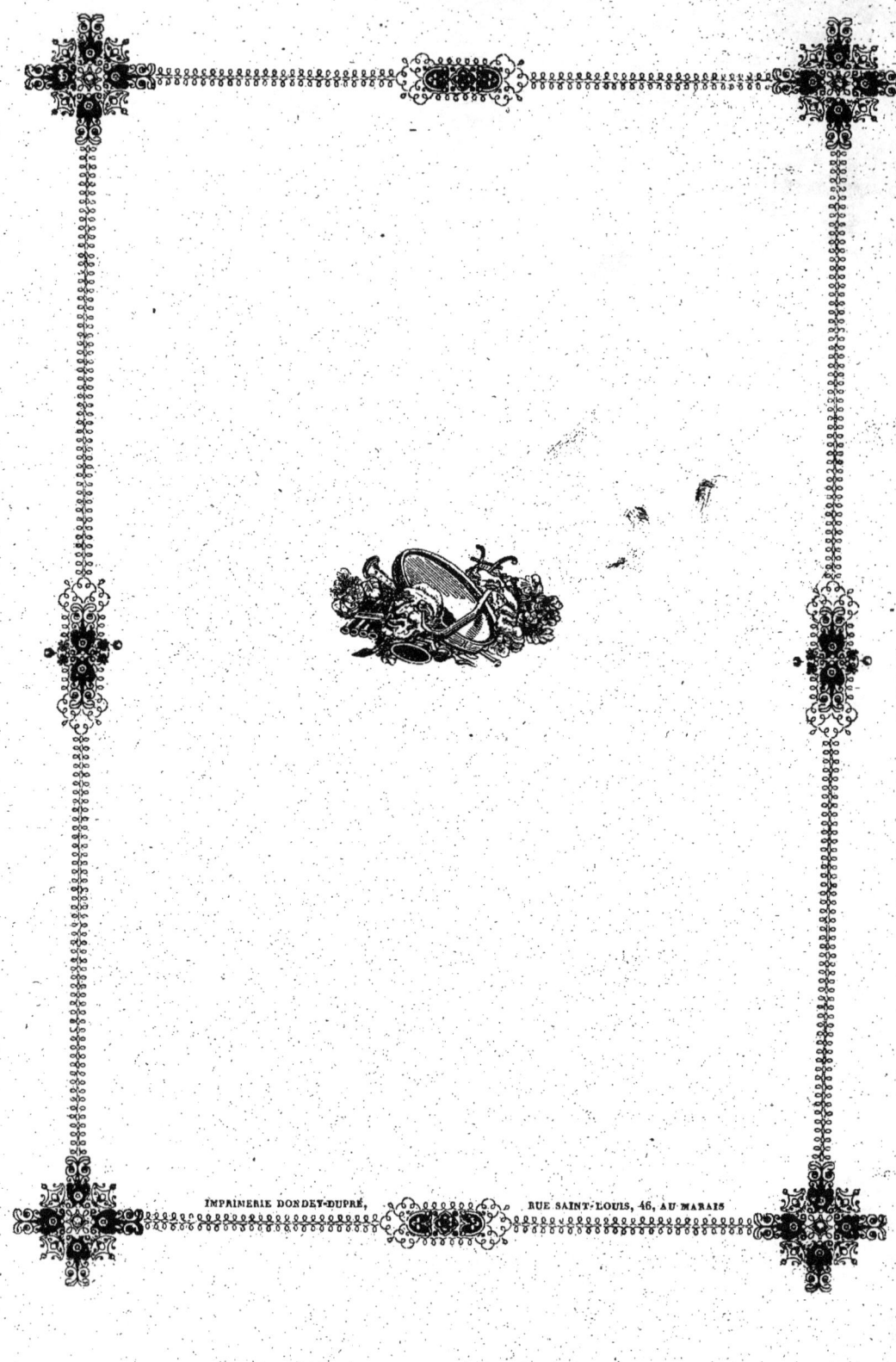

IMPRIMERIE DONDEY-DUPRÉ, RUE SAINT-LOUIS, 46, AU MARAIS